Webseite: _____
Username: _____
Passwort: _____
Notizen: _____
_____
_____

Webseite: _____
Username: _____
Passwort: _____
Notizen: _____
_____
_____

Webseite: _____
Username: _____
Passwort: _____
Notizen: _____
_____
_____

Webseite: _____
Username: _____
Passwort: _____
Notizen: _____
_____
_____

Webseite: _____
Username: _____
Passwort: _____
Notizen: _____
_____
_____
_____

Webseite: _____
Username: _____
Passwort: _____
Notizen: _____
_____
_____
_____

Webseite: _____
Username: _____
Passwort: _____
Notizen: _____
_____
_____
_____

Webseite: _____
Username: _____
Passwort: _____
Notizen: _____
_____
_____
_____

Webseite: _____
Username: _____
Passwort: _____
Notizen: _____
_____
_____
_____

Webseite: _____
Username: _____
Passwort: _____
Notizen: _____
_____
_____
_____

Webseite: _____
Username: _____
Passwort: _____
Notizen: _____
_____
_____
_____

Webseite: _____
Username: _____
Passwort: _____
Notizen: _____
_____
_____
_____

Webseite: _____
Username: _____
Passwort: _____
Notizen: _____
_____
_____
_____

Webseite: _____
Username: _____
Passwort: _____
Notizen: _____
_____
_____
_____

Webseite: _____
Username: _____
Passwort: _____
Notizen: _____
_____
_____
_____

Webseite: _____
Username: _____
Passwort: _____
Notizen: _____
_____
_____
_____

Webseite: _____
Username: _____
Passwort: _____
Notizen: _____
_____
_____

Webseite: _____
Username: _____
Passwort: _____
Notizen: _____
_____
_____

Webseite: _____
Username: _____
Passwort: _____
Notizen: _____
_____
_____

Webseite: _____
Username: _____
Passwort: _____
Notizen: _____
_____
_____

Webseite: _____

Username: _____

Passwort: _____

Notizen: _____

_____

_____

Webseite: _____

Username: _____

Passwort: _____

Notizen: _____

_____

_____

Webseite: _____

Username: _____

Passwort: _____

Notizen: _____

_____

_____

Webseite: _____

Username: _____

Passwort: _____

Notizen: _____

_____

_____

Webseite: _____
Username: _____
Passwort: _____
Notizen: _____
_____
_____

Webseite: _____
Username: _____
Passwort: _____
Notizen: _____
_____
_____

Webseite: _____
Username: _____
Passwort: _____
Notizen: _____
_____
_____

Webseite: _____
Username: _____
Passwort: _____
Notizen: _____
_____
_____

Webseite: _____

Username: _____

Passwort: _____

Notizen: _____

_____

_____

Webseite: _____

Username: _____

Passwort: _____

Notizen: _____

_____

_____

Webseite: _____

Username: _____

Passwort: _____

Notizen: _____

_____

_____

Webseite: _____

Username: _____

Passwort: _____

Notizen: _____

_____

_____

Webseite: _____

Username: _____

Passwort: _____

Notizen: _____

_____

_____

_____

Webseite: _____

Username: _____

Passwort: _____

Notizen: _____

_____

_____

_____

Webseite: _____

Username: _____

Passwort: _____

Notizen: _____

_____

_____

_____

Webseite: _____

Username: _____

Passwort: _____

Notizen: _____

_____

_____

_____

Webseite: _____

Username: _____

Passwort: _____

Notizen: _____

_____

_____

_____

Webseite: _____

Username: _____

Passwort: _____

Notizen: _____

_____

_____

_____

Webseite: _____

Username: _____

Passwort: _____

Notizen: _____

_____

_____

_____

Webseite: _____

Username: _____

Passwort: _____

Notizen: _____

_____

_____

_____

Webseite: _____
Username: _____
Passwort: _____
Notizen: _____
_____
_____
_____

Webseite: _____
Username: _____
Passwort: _____
Notizen: _____
_____
_____
_____

Webseite: _____
Username: _____
Passwort: _____
Notizen: _____
_____
_____
_____

Webseite: _____
Username: _____
Passwort: _____
Notizen: _____
_____
_____
_____

Webseite: _____
Username: _____
Passwort: _____
Notizen: _____
_____
_____
_____

Webseite: _____
Username: _____
Passwort: _____
Notizen: _____
_____
_____
_____

Webseite: _____
Username: _____
Passwort: _____
Notizen: _____
_____
_____
_____

Webseite: _____
Username: _____
Passwort: _____
Notizen: _____
_____
_____
_____

Webseite: _____
Username: _____
Passwort: _____
Notizen: _____
_____
_____

Webseite: _____
Username: _____
Passwort: _____
Notizen: _____
_____
_____

Webseite: _____
Username: _____
Passwort: _____
Notizen: _____
_____
_____

Webseite: _____
Username: _____
Passwort: _____
Notizen: _____
_____
_____

Webseite: _____

Username: _____

Passwort: _____

Notizen: _____

_____

_____

Webseite: _____

Username: _____

Passwort: _____

Notizen: _____

_____

_____

Webseite: _____

Username: _____

Passwort: _____

Notizen: _____

_____

_____

Webseite: _____

Username: _____

Passwort: _____

Notizen: _____

_____

_____

Webseite: _____

Username: _____

Passwort: _____

Notizen: _____

_____

_____

Webseite: _____

Username: _____

Passwort: _____

Notizen: _____

_____

_____

Webseite: _____

Username: _____

Passwort: _____

Notizen: _____

_____

_____

Webseite: _____

Username: _____

Passwort: _____

Notizen: _____

_____

_____

Webseite: _____
Username: _____
Passwort: _____
Notizen: _____
_____
_____

Webseite: _____
Username: _____
Passwort: _____
Notizen: _____
_____
_____

Webseite: _____
Username: _____
Passwort: _____
Notizen: _____
_____
_____

Webseite: _____
Username: _____
Passwort: _____
Notizen: _____
_____
_____

Webseite: _____
Username: _____
Passwort: _____
Notizen: _____
_____
_____
_____

Webseite: _____
Username: _____
Passwort: _____
Notizen: _____
_____
_____
_____

Webseite: _____
Username: _____
Passwort: _____
Notizen: _____
_____
_____
_____

Webseite: _____
Username: _____
Passwort: _____
Notizen: _____
_____
_____
_____

Webseite: _____

Username: _____

Passwort: _____

Notizen: _____

_____

_____

Webseite: _____

Username: _____

Passwort: _____

Notizen: _____

_____

_____

Webseite: _____

Username: _____

Passwort: _____

Notizen: _____

_____

_____

Webseite: _____

Username: _____

Passwort: _____

Notizen: _____

_____

_____

Webseite: _____
Username: _____
Passwort: _____
Notizen: _____
_____
_____

Webseite: _____
Username: _____
Passwort: _____
Notizen: _____
_____
_____

Webseite: _____
Username: _____
Passwort: _____
Notizen: _____
_____
_____

Webseite: _____
Username: _____
Passwort: _____
Notizen: _____
_____
_____

Webseite: _____

Username: _____

Passwort: _____

Notizen: _____

_____

_____

_____

Webseite: _____

Username: _____

Passwort: _____

Notizen: _____

_____

_____

_____

Webseite: _____

Username: _____

Passwort: _____

Notizen: _____

_____

_____

_____

Webseite: _____

Username: _____

Passwort: _____

Notizen: _____

_____

_____

_____

Webseite: _____

Username: _____

Passwort: _____

Notizen: _____

_____

_____

Webseite: _____

Username: _____

Passwort: _____

Notizen: _____

_____

_____

Webseite: _____

Username: _____

Passwort: _____

Notizen: _____

_____

_____

Webseite: _____

Username: _____

Passwort: _____

Notizen: _____

_____

_____

Webseite: _____
Username: _____
Passwort: _____
Notizen: _____
_____
_____

Webseite: _____
Username: _____
Passwort: _____
Notizen: _____
_____
_____

Webseite: _____
Username: _____
Passwort: _____
Notizen: _____
_____
_____

Webseite: _____
Username: _____
Passwort: _____
Notizen: _____
_____
_____

Webseite: _____

Username: _____

Passwort: _____

Notizen: _____

_____

_____

Webseite: _____

Username: _____

Passwort: _____

Notizen: _____

_____

_____

Webseite: _____

Username: _____

Passwort: _____

Notizen: _____

_____

_____

Webseite: _____

Username: _____

Passwort: _____

Notizen: _____

_____

_____

Webseite: _____
Username: _____
Passwort: _____
Notizen: _____
_____
_____
_____

Webseite: _____
Username: _____
Passwort: _____
Notizen: _____
_____
_____
_____

Webseite: _____
Username: _____
Passwort: _____
Notizen: _____
_____
_____
_____

Webseite: _____
Username: _____
Passwort: _____
Notizen: _____
_____
_____
_____

Webseite: _____
Username: _____
Passwort: _____
Notizen: _____
_____
_____
_____

Webseite: _____
Username: _____
Passwort: _____
Notizen: _____
_____
_____
_____

Webseite: _____
Username: _____
Passwort: _____
Notizen: _____
_____
_____
_____

Webseite: _____
Username: _____
Passwort: _____
Notizen: _____
_____
_____
_____

Webseite: _____
Username: _____
Passwort: _____
Notizen: _____
_____
_____
_____

Webseite: _____
Username: _____
Passwort: _____
Notizen: _____
_____
_____
_____

Webseite: _____
Username: _____
Passwort: _____
Notizen: _____
_____
_____
_____

Webseite: _____
Username: _____
Passwort: _____
Notizen: _____
_____
_____
_____

Webseite: _____

Username: _____

Passwort: _____

Notizen: _____

_____

_____

Webseite: _____

Username: _____

Passwort: _____

Notizen: _____

_____

_____

Webseite: _____

Username: _____

Passwort: _____

Notizen: _____

_____

_____

Webseite: _____

Username: _____

Passwort: _____

Notizen: _____

_____

_____

Webseite: _____
Username: _____
Passwort: _____
Notizen: _____
_____
_____
_____

Webseite: _____
Username: _____
Passwort: _____
Notizen: _____
_____
_____
_____

Webseite: _____
Username: _____
Passwort: _____
Notizen: _____
_____
_____
_____

Webseite: _____
Username: _____
Passwort: _____
Notizen: _____
_____
_____
_____

Webseite: _____

Username: _____

Passwort: _____

Notizen: _____

_____

_____

_____

Webseite: _____

Username: _____

Passwort: _____

Notizen: _____

_____

_____

_____

Webseite: _____

Username: _____

Passwort: _____

Notizen: _____

_____

_____

_____

Webseite: _____

Username: _____

Passwort: _____

Notizen: _____

_____

_____

_____

Webseite: _____
Username: _____
Passwort: _____
Notizen: _____
_____
_____
_____

Webseite: _____
Username: _____
Passwort: _____
Notizen: _____
_____
_____
_____

Webseite: _____
Username: _____
Passwort: _____
Notizen: _____
_____
_____
_____

Webseite: _____
Username: _____
Passwort: _____
Notizen: _____
_____
_____
_____

Webseite: _____
Username: _____
Passwort: _____
Notizen: _____
_____
_____

Webseite: _____
Username: _____
Passwort: _____
Notizen: _____
_____
_____

Webseite: _____
Username: _____
Passwort: _____
Notizen: _____
_____
_____

Webseite: _____
Username: _____
Passwort: _____
Notizen: _____
_____
_____

Webseite: _____
Username: _____
Passwort: _____
Notizen: _____
_____
_____

Webseite: _____
Username: _____
Passwort: _____
Notizen: _____
_____
_____

Webseite: _____
Username: _____
Passwort: _____
Notizen: _____
_____
_____

Webseite: _____
Username: _____
Passwort: _____
Notizen: _____
_____
_____

Webseite: _____
Username: _____
Passwort: _____
Notizen: _____
_____
_____

Webseite: _____
Username: _____
Passwort: _____
Notizen: _____
_____
_____

Webseite: _____
Username: _____
Passwort: _____
Notizen: _____
_____
_____

Webseite: _____
Username: _____
Passwort: _____
Notizen: _____
_____
_____

Webseite: _____
Username: _____
Passwort: _____
Notizen: _____
_____
_____
_____

Webseite: _____
Username: _____
Passwort: _____
Notizen: _____
_____
_____
_____

Webseite: _____
Username: _____
Passwort: _____
Notizen: _____
_____
_____
_____

Webseite: _____
Username: _____
Passwort: _____
Notizen: _____
_____
_____
_____

Webseite: _____

Username: _____

Passwort: _____

Notizen: _____

_____

_____

_____

Webseite: _____

Username: _____

Passwort: _____

Notizen: _____

_____

_____

_____

Webseite: _____

Username: _____

Passwort: _____

Notizen: _____

_____

_____

_____

Webseite: _____

Username: _____

Passwort: _____

Notizen: _____

_____

_____

_____

Webseite: _____

Username: _____

Passwort: _____

Notizen: _____

_____

_____

_____

Webseite: _____

Username: _____

Passwort: _____

Notizen: _____

_____

_____

_____

Webseite: _____

Username: _____

Passwort: _____

Notizen: _____

_____

_____

_____

Webseite: _____

Username: _____

Passwort: _____

Notizen: _____

_____

_____

_____

Webseite: _____

Username: _____

Passwort: _____

Notizen: _____

_____

_____

Webseite: _____

Username: _____

Passwort: _____

Notizen: _____

_____

_____

Webseite: _____

Username: _____

Passwort: _____

Notizen: _____

_____

_____

Webseite: _____

Username: _____

Passwort: _____

Notizen: _____

_____

_____

Webseite: _____

Username: _____

Passwort: _____

Notizen: _____

_____

_____

Webseite: _____

Username: _____

Passwort: _____

Notizen: _____

_____

_____

Webseite: _____

Username: _____

Passwort: _____

Notizen: _____

_____

_____

Webseite: _____

Username: _____

Passwort: _____

Notizen: _____

_____

_____

Webseite: _____

Username: _____

Passwort: _____

Notizen: _____

_____

_____

Webseite: _____

Username: _____

Passwort: _____

Notizen: _____

_____

_____

Webseite: _____

Username: _____

Passwort: _____

Notizen: _____

_____

_____

Webseite: _____

Username: _____

Passwort: _____

Notizen: _____

_____

_____

Webseite: _____

Username: _____

Passwort: _____

Notizen: _____

_____

_____

Webseite: _____

Username: _____

Passwort: _____

Notizen: _____

_____

_____

Webseite: _____

Username: _____

Passwort: _____

Notizen: _____

_____

_____

Webseite: _____

Username: _____

Passwort: _____

Notizen: _____

_____

_____

Webseite: _____
Username: _____
Passwort: _____
Notizen: _____
_____
_____
_____

Webseite: _____
Username: _____
Passwort: _____
Notizen: _____
_____
_____
_____

Webseite: _____
Username: _____
Passwort: _____
Notizen: _____
_____
_____
_____

Webseite: _____
Username: _____
Passwort: _____
Notizen: _____
_____
_____
_____

Webseite: _____
Username: _____
Passwort: _____
Notizen: _____
_____
_____

Webseite: _____
Username: _____
Passwort: _____
Notizen: _____
_____
_____

Webseite: _____
Username: _____
Passwort: _____
Notizen: _____
_____
_____

Webseite: _____
Username: _____
Passwort: _____
Notizen: _____
_____
_____

Webseite: _____
Username: _____
Passwort: _____
Notizen: _____
_____
_____
_____

Webseite: _____
Username: _____
Passwort: _____
Notizen: _____
_____
_____
_____

Webseite: _____
Username: _____
Passwort: _____
Notizen: _____
_____
_____
_____

Webseite: _____
Username: _____
Passwort: _____
Notizen: _____
_____
_____
_____

Webseite: _____

Username: _____

Passwort: _____

Notizen: _____

_____

_____

Webseite: _____

Username: _____

Passwort: _____

Notizen: _____

_____

_____

Webseite: _____

Username: _____

Passwort: _____

Notizen: _____

_____

_____

Webseite: _____

Username: _____

Passwort: _____

Notizen: _____

_____

_____

Webseite: _____

Username: _____

Passwort: _____

Notizen: _____

_____

_____

Webseite: _____

Username: _____

Passwort: _____

Notizen: _____

_____

_____

Webseite: _____

Username: _____

Passwort: _____

Notizen: _____

_____

_____

Webseite: _____

Username: _____

Passwort: _____

Notizen: _____

_____

_____

Webseite: _____
Username: _____
Passwort: _____
Notizen: _____
_____
_____

Webseite: _____
Username: _____
Passwort: _____
Notizen: _____
_____
_____

Webseite: _____
Username: _____
Passwort: _____
Notizen: _____
_____
_____

Webseite: _____
Username: _____
Passwort: _____
Notizen: _____
_____
_____

Webseite: _____

Username: _____

Passwort: _____

Notizen: _____

_____

_____

Webseite: _____

Username: _____

Passwort: _____

Notizen: _____

_____

_____

Webseite: _____

Username: _____

Passwort: _____

Notizen: _____

_____

_____

Webseite: _____

Username: _____

Passwort: _____

Notizen: _____

_____

_____

Webseite: _____

Username: _____

Passwort: _____

Notizen: _____

_____

_____

Webseite: _____

Username: _____

Passwort: _____

Notizen: _____

_____

_____

Webseite: _____

Username: _____

Passwort: _____

Notizen: _____

_____

_____

Webseite: _____

Username: _____

Passwort: _____

Notizen: _____

_____

_____

Webseite: _____
Username: _____
Passwort: _____
Notizen: _____
_____
_____

Webseite: _____
Username: _____
Passwort: _____
Notizen: _____
_____
_____

Webseite: _____
Username: _____
Passwort: _____
Notizen: _____
_____
_____

Webseite: _____
Username: _____
Passwort: _____
Notizen: _____
_____
_____

Webseite: _____

Username: _____

Passwort: _____

Notizen: _____

_____

_____

Webseite: _____

Username: _____

Passwort: _____

Notizen: _____

_____

_____

Webseite: _____

Username: _____

Passwort: _____

Notizen: _____

_____

_____

Webseite: _____

Username: _____

Passwort: _____

Notizen: _____

_____

_____

Webseite: _____
Username: _____
Passwort: _____
Notizen: _____
_____
_____

Webseite: _____
Username: _____
Passwort: _____
Notizen: _____
_____
_____

Webseite: _____
Username: _____
Passwort: _____
Notizen: _____
_____
_____

Webseite: _____
Username: _____
Passwort: _____
Notizen: _____
_____
_____

Webseite: _____
Username: _____
Passwort: _____
Notizen: _____
_____
_____
_____

Webseite: _____
Username: _____
Passwort: _____
Notizen: _____
_____
_____
_____

Webseite: _____
Username: _____
Passwort: _____
Notizen: _____
_____
_____
_____

Webseite: _____
Username: _____
Passwort: _____
Notizen: _____
_____
_____
_____

Webseite: _____
Username: _____
Passwort: _____
Notizen: _____
_____
_____
_____

Webseite: _____
Username: _____
Passwort: _____
Notizen: _____
_____
_____
_____

Webseite: _____
Username: _____
Passwort: _____
Notizen: _____
_____
_____
_____

Webseite: _____
Username: _____
Passwort: _____
Notizen: _____
_____
_____
_____

Webseite: _____
Username: _____
Passwort: _____
Notizen: _____
_____
_____
_____

Webseite: _____
Username: _____
Passwort: _____
Notizen: _____
_____
_____
_____

Webseite: _____
Username: _____
Passwort: _____
Notizen: _____
_____
_____
_____

Webseite: _____
Username: _____
Passwort: _____
Notizen: _____
_____
_____
_____

Webseite: _____

Username: _____

Passwort: _____

Notizen: _____

_____

_____

Webseite: _____

Username: _____

Passwort: _____

Notizen: _____

_____

_____

Webseite: _____

Username: _____

Passwort: _____

Notizen: _____

_____

_____

Webseite: _____

Username: _____

Passwort: _____

Notizen: _____

_____

_____

Webseite: _____

Username: _____

Passwort: _____

Notizen: _____

_____

_____

Webseite: _____

Username: _____

Passwort: _____

Notizen: _____

_____

_____

Webseite: _____

Username: _____

Passwort: _____

Notizen: _____

_____

_____

Webseite: _____

Username: _____

Passwort: _____

Notizen: _____

_____

_____

Webseite: _____

Username: _____

Passwort: _____

Notizen: _____

_____

_____

Webseite: _____

Username: _____

Passwort: _____

Notizen: _____

_____

_____

Webseite: _____

Username: _____

Passwort: _____

Notizen: _____

_____

_____

Webseite: _____

Username: _____

Passwort: _____

Notizen: _____

_____

_____

Webseite: _____
Username: _____
Passwort: _____
Notizen: _____
_____
_____

Webseite: _____
Username: _____
Passwort: _____
Notizen: _____
_____
_____

Webseite: _____
Username: _____
Passwort: _____
Notizen: _____
_____
_____

Webseite: _____
Username: _____
Passwort: _____
Notizen: _____
_____
_____

Webseite: _____

Username: _____

Passwort: _____

Notizen: _____

_____

_____

Webseite: _____

Username: _____

Passwort: _____

Notizen: _____

_____

_____

Webseite: _____

Username: _____

Passwort: _____

Notizen: _____

_____

_____

Webseite: _____

Username: _____

Passwort: _____

Notizen: _____

_____

_____

Webseite: _____

Username: _____

Passwort: _____

Notizen: _____

_____

_____

_____

Webseite: _____

Username: _____

Passwort: _____

Notizen: _____

_____

_____

_____

Webseite: _____

Username: _____

Passwort: _____

Notizen: _____

_____

_____

_____

Webseite: _____

Username: _____

Passwort: _____

Notizen: _____

_____

_____

_____

Webseite: _____
Username: _____
Passwort: _____
Notizen: _____
_____
_____

Webseite: _____
Username: _____
Passwort: _____
Notizen: _____
_____
_____

Webseite: _____
Username: _____
Passwort: _____
Notizen: _____
_____
_____

Webseite: _____
Username: _____
Passwort: _____
Notizen: _____
_____
_____

Webseite: _____
Username: _____
Passwort: _____
Notizen: _____
_____
_____
_____

Webseite: _____
Username: _____
Passwort: _____
Notizen: _____
_____
_____
_____

Webseite: _____
Username: _____
Passwort: _____
Notizen: _____
_____
_____
_____

Webseite: _____
Username: _____
Passwort: _____
Notizen: _____
_____
_____
_____

Webseite: _____

Username: _____

Passwort: _____

Notizen: _____

_____

_____

_____

Webseite: _____

Username: _____

Passwort: _____

Notizen: _____

_____

_____

_____

Webseite: _____

Username: _____

Passwort: _____

Notizen: _____

_____

_____

_____

Webseite: _____

Username: _____

Passwort: _____

Notizen: _____

_____

_____

_____

Webseite: _____

Username: _____

Passwort: _____

Notizen: _____

_____

_____

Webseite: _____

Username: _____

Passwort: _____

Notizen: _____

_____

_____

Webseite: _____

Username: _____

Passwort: _____

Notizen: _____

_____

_____

Webseite: _____

Username: _____

Passwort: _____

Notizen: _____

_____

_____

Webseite: _____
Username: _____
Passwort: _____
Notizen: _____
_____
_____

Webseite: _____
Username: _____
Passwort: _____
Notizen: _____
_____
_____

Webseite: _____
Username: _____
Passwort: _____
Notizen: _____
_____
_____

Webseite: _____
Username: _____
Passwort: _____
Notizen: _____
_____
_____

Webseite: _____

Username: _____

Passwort: _____

Notizen: _____

_____

_____

Webseite: _____

Username: _____

Passwort: _____

Notizen: _____

_____

_____

Webseite: _____

Username: _____

Passwort: _____

Notizen: _____

_____

_____

Webseite: _____

Username: _____

Passwort: _____

Notizen: _____

_____

_____

Webseite: _____
Username: _____
Passwort: _____
Notizen: _____
_____
_____

Webseite: _____
Username: _____
Passwort: _____
Notizen: _____
_____
_____

Webseite: _____
Username: _____
Passwort: _____
Notizen: _____
_____
_____

Webseite: _____
Username: _____
Passwort: _____
Notizen: _____
_____
_____

Webseite: _____
Username: _____
Passwort: _____
Notizen: _____
_____
_____
_____

Webseite: _____
Username: _____
Passwort: _____
Notizen: _____
_____
_____
_____

Webseite: _____
Username: _____
Passwort: _____
Notizen: _____
_____
_____
_____

Webseite: _____
Username: _____
Passwort: _____
Notizen: _____
_____
_____
_____

Webseite: _____

Username: _____

Passwort: _____

Notizen: _____

_____

_____

Webseite: _____

Username: _____

Passwort: _____

Notizen: _____

_____

_____

Webseite: _____

Username: _____

Passwort: _____

Notizen: _____

_____

_____

Webseite: _____

Username: _____

Passwort: _____

Notizen: _____

_____

_____

Webseite: _____

Username: _____

Passwort: _____

Notizen: _____

_____

_____

Webseite: _____

Username: _____

Passwort: _____

Notizen: _____

_____

_____

Webseite: _____

Username: _____

Passwort: _____

Notizen: _____

_____

_____

Webseite: _____

Username: _____

Passwort: _____

Notizen: _____

_____

_____

Webseite: _____

Username: _____

Passwort: _____

Notizen: _____

_____

_____

Webseite: _____

Username: _____

Passwort: _____

Notizen: _____

_____

_____

Webseite: _____

Username: _____

Passwort: _____

Notizen: _____

_____

_____

Webseite: _____

Username: _____

Passwort: _____

Notizen: _____

_____

_____

Webseite: _____

Username: _____

Passwort: _____

Notizen: _____

_____

_____

Webseite: _____

Username: _____

Passwort: _____

Notizen: _____

_____

_____

Webseite: _____

Username: _____

Passwort: _____

Notizen: _____

_____

_____

Webseite: _____

Username: _____

Passwort: _____

Notizen: _____

_____

_____

Webseite: _____
Username: _____
Passwort: _____
Notizen: _____
_____
_____
_____

Webseite: _____
Username: _____
Passwort: _____
Notizen: _____
_____
_____
_____

Webseite: _____
Username: _____
Passwort: _____
Notizen: _____
_____
_____
_____

Webseite: _____
Username: _____
Passwort: _____
Notizen: _____
_____
_____
_____

Webseite: _____

Username: _____

Passwort: _____

Notizen: _____

_____

_____

Webseite: _____

Username: _____

Passwort: _____

Notizen: _____

_____

_____

Webseite: _____

Username: _____

Passwort: _____

Notizen: _____

_____

_____

Webseite: _____

Username: _____

Passwort: _____

Notizen: _____

_____

_____

Webseite: _____

Username: _____

Passwort: _____

Notizen: _____

_____

_____

_____

Webseite: _____

Username: _____

Passwort: _____

Notizen: _____

_____

_____

_____

Webseite: _____

Username: _____

Passwort: _____

Notizen: _____

_____

_____

_____

Webseite: _____

Username: _____

Passwort: _____

Notizen: _____

_____

_____

Webseite: _____
Username: _____
Passwort: _____
Notizen: _____
_____
_____

Webseite: _____
Username: _____
Passwort: _____
Notizen: _____
_____
_____

Webseite: _____
Username: _____
Passwort: _____
Notizen: _____
_____
_____

Webseite: _____
Username: _____
Passwort: _____
Notizen: _____
_____
_____

Webseite: _____
Username: _____
Passwort: _____
Notizen: _____
_____
_____

Webseite: _____
Username: _____
Passwort: _____
Notizen: _____
_____
_____

Webseite: _____
Username: _____
Passwort: _____
Notizen: _____
_____
_____

Webseite: _____
Username: _____
Passwort: _____
Notizen: _____
_____
_____

Webseite: _____
Username: _____
Passwort: _____
Notizen: _____
_____
_____
_____

Webseite: _____
Username: _____
Passwort: _____
Notizen: _____
_____
_____
_____

Webseite: _____
Username: _____
Passwort: _____
Notizen: _____
_____
_____
_____

Webseite: _____
Username: _____
Passwort: _____
Notizen: _____
_____
_____

Webseite: _____

Username: _____

Passwort: _____

Notizen: _____

_____

_____

_____

Webseite: _____

Username: _____

Passwort: _____

Notizen: _____

_____

_____

_____

Webseite: _____

Username: _____

Passwort: _____

Notizen: _____

_____

_____

_____

Webseite: _____

Username: _____

Passwort: _____

Notizen: _____

_____

_____

_____

Webseite: _____
Username: _____
Passwort: _____
Notizen: _____
_____
_____

Webseite: _____
Username: _____
Passwort: _____
Notizen: _____
_____
_____

Webseite: _____
Username: _____
Passwort: _____
Notizen: _____
_____
_____

Webseite: _____
Username: _____
Passwort: _____
Notizen: _____
_____
_____

Webseite: _____
Username: _____
Passwort: _____
Notizen: _____
_____
_____

Webseite: _____
Username: _____
Passwort: _____
Notizen: _____
_____
_____

Webseite: _____
Username: _____
Passwort: _____
Notizen: _____
_____
_____

Webseite: _____
Username: _____
Passwort: _____
Notizen: _____
_____
_____

Webseite: _____
Username: _____
Passwort: _____
Notizen: _____
_____
_____
_____

Webseite: _____
Username: _____
Passwort: _____
Notizen: _____
_____
_____
_____

Webseite: _____
Username: _____
Passwort: _____
Notizen: _____
_____
_____
_____

Webseite: _____
Username: _____
Passwort: _____
Notizen: _____
_____
_____
_____

Webseite: _____

Username: _____

Passwort: _____

Notizen: _____

_____

_____

_____

Webseite: _____

Username: _____

Passwort: _____

Notizen: _____

_____

_____

_____

Webseite: _____

Username: _____

Passwort: _____

Notizen: _____

_____

_____

_____

Webseite: _____

Username: _____

Passwort: _____

Notizen: _____

_____

_____

_____

Webseite: _____

Username: _____

Passwort: _____

Notizen: _____

_____

_____

_____

Webseite: _____

Username: _____

Passwort: _____

Notizen: _____

_____

_____

_____

Webseite: _____

Username: _____

Passwort: _____

Notizen: _____

_____

_____

_____

Webseite: _____

Username: _____

Passwort: _____

Notizen: _____

_____

_____

_____

Webseite: _____
Username: _____
Passwort: _____
Notizen: _____
_____
_____

Webseite: _____
Username: _____
Passwort: _____
Notizen: _____
_____
_____

Webseite: _____
Username: _____
Passwort: _____
Notizen: _____
_____
_____

Webseite: _____
Username: _____
Passwort: _____
Notizen: _____
_____
_____

Webseite: _____
Username: _____
Passwort: _____
Notizen: _____
_____
_____

Webseite: _____
Username: _____
Passwort: _____
Notizen: _____
_____
_____

Webseite: _____
Username: _____
Passwort: _____
Notizen: _____
_____
_____

Webseite: _____
Username: _____
Passwort: _____
Notizen: _____
_____
_____

Webseite: _____
Username: _____
Passwort: _____
Notizen: _____
_____
_____
_____

Webseite: _____
Username: _____
Passwort: _____
Notizen: _____
_____
_____
_____

Webseite: _____
Username: _____
Passwort: _____
Notizen: _____
_____
_____
_____

Webseite: _____
Username: _____
Passwort: _____
Notizen: _____
_____
_____
_____

Webseite: _____

Username: _____

Passwort: _____

Notizen: _____

_____

_____

Webseite: _____

Username: _____

Passwort: _____

Notizen: _____

_____

_____

Webseite: _____

Username: _____

Passwort: _____

Notizen: _____

_____

_____

Webseite: _____

Username: _____

Passwort: _____

Notizen: _____

_____

_____

Webseite: _____

Username: _____

Passwort: _____

Notizen: _____

_____

_____

Webseite: _____

Username: _____

Passwort: _____

Notizen: _____

_____

_____

Webseite: _____

Username: _____

Passwort: _____

Notizen: _____

_____

_____

Webseite: _____

Username: _____

Passwort: _____

Notizen: _____

_____

_____

Webseite: _____
Username: _____
Passwort: _____
Notizen: _____
_____
_____
_____

Webseite: _____
Username: _____
Passwort: _____
Notizen: _____
_____
_____
_____

Webseite: _____
Username: _____
Passwort: _____
Notizen: _____
_____
_____
_____

Webseite: _____
Username: _____
Passwort: _____
Notizen: _____
_____
_____
_____

Webseite: _____

Username: _____

Passwort: _____

Notizen: _____

_____

_____

Webseite: _____

Username: _____

Passwort: _____

Notizen: _____

_____

_____

Webseite: _____

Username: _____

Passwort: _____

Notizen: _____

_____

_____

Webseite: _____

Username: _____

Passwort: _____

Notizen: _____

_____

_____

Webseite: _____
Username: _____
Passwort: _____
Notizen: _____
_____
_____
_____

Webseite: _____
Username: _____
Passwort: _____
Notizen: _____
_____
_____
_____

Webseite: _____
Username: _____
Passwort: _____
Notizen: _____
_____
_____
_____

Webseite: _____
Username: _____
Passwort: _____
Notizen: _____
_____
_____
_____

Webseite: _____
Username: _____
Passwort: _____
Notizen: _____
_____
_____

Webseite: _____
Username: _____
Passwort: _____
Notizen: _____
_____
_____

Webseite: _____
Username: _____
Passwort: _____
Notizen: _____
_____
_____

Webseite: _____
Username: _____
Passwort: _____
Notizen: _____
_____
_____

Webseite: _____

Username: _____

Passwort: _____

Notizen: _____

_____

_____

Webseite: _____

Username: _____

Passwort: _____

Notizen: _____

_____

_____

Webseite: _____

Username: _____

Passwort: _____

Notizen: _____

_____

_____

Webseite: _____

Username: _____

Passwort: _____

Notizen: _____

_____

_____

Webseite: _____

Username: _____

Passwort: _____

Notizen: _____

_____

_____

Webseite: _____

Username: _____

Passwort: _____

Notizen: _____

_____

_____

Webseite: _____

Username: _____

Passwort: _____

Notizen: _____

_____

_____

Webseite: _____

Username: _____

Passwort: _____

Notizen: _____

_____

_____

Webseite: _____
Username: _____
Passwort: _____
Notizen: _____
_____
_____

Webseite: _____
Username: _____
Passwort: _____
Notizen: _____
_____
_____

Webseite: _____
Username: _____
Passwort: _____
Notizen: _____
_____
_____

Webseite: _____
Username: _____
Passwort: _____
Notizen: _____
_____
_____

Webseite: _____
Username: _____
Passwort: _____
Notizen: _____
_____
_____

Webseite: _____
Username: _____
Passwort: _____
Notizen: _____
_____
_____

Webseite: _____
Username: _____
Passwort: _____
Notizen: _____
_____
_____

Webseite: _____
Username: _____
Passwort: _____
Notizen: _____
_____
_____

Webseite: _____

Username: _____

Passwort: _____

Notizen: _____

_____

_____

_____

Webseite: _____

Username: _____

Passwort: _____

Notizen: _____

_____

_____

_____

Webseite: _____

Username: _____

Passwort: _____

Notizen: _____

_____

_____

_____

Webseite: _____

Username: _____

Passwort: _____

Notizen: _____

_____

_____

_____

Webseite: _____

Username: _____

Passwort: _____

Notizen: _____

_____

_____

_____

Webseite: _____

Username: _____

Passwort: _____

Notizen: _____

_____

_____

_____

Webseite: _____

Username: _____

Passwort: _____

Notizen: _____

_____

_____

_____

Webseite: _____

Username: _____

Passwort: _____

Notizen: _____

_____

_____

_____

Webseite: _____
Username: _____
Passwort: _____
Notizen: _____
_____
_____

Webseite: _____
Username: _____
Passwort: _____
Notizen: _____
_____
_____

Webseite: _____
Username: _____
Passwort: _____
Notizen: _____
_____
_____

Webseite: _____
Username: _____
Passwort: _____
Notizen: _____
_____
_____

Webseite: _____

Username: _____

Passwort: _____

Notizen: _____

_____

_____

Webseite: _____

Username: _____

Passwort: _____

Notizen: _____

_____

_____

Webseite: _____

Username: _____

Passwort: _____

Notizen: _____

_____

_____

Webseite: _____

Username: _____

Passwort: _____

Notizen: _____

_____

_____

Webseite: _____

Username: _____

Passwort: _____

Notizen: _____

_____

_____

_____

Webseite: _____

Username: _____

Passwort: _____

Notizen: _____

_____

_____

_____

Webseite: _____

Username: _____

Passwort: _____

Notizen: _____

_____

_____

_____

Webseite: _____

Username: _____

Passwort: _____

Notizen: _____

_____

_____

_____

Webseite: _____
Username: _____
Passwort: _____
Notizen: _____
_____
_____

Webseite: _____
Username: _____
Passwort: _____
Notizen: _____
_____
_____

Webseite: _____
Username: _____
Passwort: _____
Notizen: _____
_____
_____

Webseite: _____
Username: _____
Passwort: _____
Notizen: _____
_____
_____

Webseite: _____
Username: _____
Passwort: _____
Notizen: _____
_____
_____

Webseite: _____
Username: _____
Passwort: _____
Notizen: _____
_____
_____

Webseite: _____
Username: _____
Passwort: _____
Notizen: _____
_____
_____

Webseite: _____
Username: _____
Passwort: _____
Notizen: _____
_____
_____

Webseite: _____

Username: _____

Passwort: _____

Notizen: _____

_____

_____

Webseite: _____

Username: _____

Passwort: _____

Notizen: _____

_____

_____

Webseite: _____

Username: _____

Passwort: _____

Notizen: _____

_____

_____

Webseite: _____

Username: _____

Passwort: _____

Notizen: _____

_____

_____

Webseite: _____
Username: _____
Passwort: _____
Notizen: _____
_____
_____
_____

Webseite: _____
Username: _____
Passwort: _____
Notizen: _____
_____
_____
_____

Webseite: _____
Username: _____
Passwort: _____
Notizen: _____
_____
_____
_____

Webseite: _____
Username: _____
Passwort: _____
Notizen: _____
_____
_____
_____

Webseite: _____

Username: _____

Passwort: _____

Notizen: _____

_____

_____

Webseite: _____

Username: _____

Passwort: _____

Notizen: _____

_____

_____

Webseite: _____

Username: _____

Passwort: _____

Notizen: _____

_____

_____

Webseite: _____

Username: _____

Passwort: _____

Notizen: _____

_____

_____

Webseite: _____
Username: _____
Passwort: _____
Notizen: _____
_____
_____

Webseite: _____
Username: _____
Passwort: _____
Notizen: _____
_____
_____

Webseite: _____
Username: _____
Passwort: _____
Notizen: _____
_____
_____

Webseite: _____
Username: _____
Passwort: _____
Notizen: _____
_____
_____

Webseite: _____

Username: _____

Passwort: _____

Notizen: _____

_____

_____

Webseite: _____

Username: _____

Passwort: _____

Notizen: _____

_____

_____

Webseite: _____

Username: _____

Passwort: _____

Notizen: _____

_____

_____

Webseite: _____

Username: _____

Passwort: _____

Notizen: _____

_____

_____

Webseite: _____

Username: _____

Passwort: _____

Notizen: _____

_____

_____

_____

Webseite: _____

Username: _____

Passwort: _____

Notizen: _____

_____

_____

_____

Webseite: _____

Username: _____

Passwort: _____

Notizen: _____

_____

_____

_____

Webseite: _____

Username: _____

Passwort: _____

Notizen: _____

_____

_____

_____

Webseite: _____

Username: _____

Passwort: _____

Notizen: _____

_____

_____

_____

Webseite: _____

Username: _____

Passwort: _____

Notizen: _____

_____

_____

_____

Webseite: _____

Username: _____

Passwort: _____

Notizen: _____

_____

_____

_____

Webseite: _____

Username: _____

Passwort: _____

Notizen: _____

_____

_____

_____

Webseite: _____
Username: _____
Passwort: _____
Notizen: _____
_____
_____
_____

Webseite: _____
Username: _____
Passwort: _____
Notizen: _____
_____
_____
_____

Webseite: _____
Username: _____
Passwort: _____
Notizen: _____
_____
_____
_____

Webseite: _____
Username: _____
Passwort: _____
Notizen: _____
_____
_____
_____

Webseite: _____

Username: _____

Passwort: _____

Notizen: _____

_____

_____

Webseite: _____

Username: _____

Passwort: _____

Notizen: _____

_____

_____

Webseite: _____

Username: _____

Passwort: _____

Notizen: _____

_____

_____

Webseite: _____

Username: _____

Passwort: _____

Notizen: _____

_____

_____

Webseite: _____

Username: _____

Passwort: _____

Notizen: _____

_____

_____

Webseite: _____

Username: _____

Passwort: _____

Notizen: _____

_____

_____

Webseite: _____

Username: _____

Passwort: _____

Notizen: _____

_____

_____

Webseite: _____

Username: _____

Passwort: _____

Notizen: _____

_____

_____

Webseite: _____

Username: _____

Passwort: _____

Notizen: _____

_____

_____

Webseite: _____

Username: _____

Passwort: _____

Notizen: _____

_____

_____

Webseite: _____

Username: _____

Passwort: _____

Notizen: _____

_____

_____

Webseite: _____

Username: _____

Passwort: _____

Notizen: _____

_____

_____

Webseite: _____
Username: _____
Passwort: _____
Notizen: _____
_____
_____

Webseite: _____
Username: _____
Passwort: _____
Notizen: _____
_____
_____

Webseite: _____
Username: _____
Passwort: _____
Notizen: _____
_____
_____

Webseite: _____
Username: _____
Passwort: _____
Notizen: _____
_____
_____

Webseite: _____
Username: _____
Passwort: _____
Notizen: _____
_____
_____

Webseite: _____
Username: _____
Passwort: _____
Notizen: _____
_____
_____

Webseite: _____
Username: _____
Passwort: _____
Notizen: _____
_____
_____

Webseite: _____
Username: _____
Passwort: _____
Notizen: _____
_____
_____

Webseite: _____

Username: _____

Passwort: _____

Notizen: _____

_____

_____

_____

Webseite: _____

Username: _____

Passwort: _____

Notizen: _____

_____

_____

_____

Webseite: _____

Username: _____

Passwort: _____

Notizen: _____

_____

_____

_____

Webseite: _____

Username: _____

Passwort: _____

Notizen: _____

_____

_____

_____

Webseite: _____
Username: _____
Passwort: _____
Notizen: _____
_____
_____
_____

Webseite: _____
Username: _____
Passwort: _____
Notizen: _____
_____
_____
_____

Webseite: _____
Username: _____
Passwort: _____
Notizen: _____
_____
_____
_____

Webseite: _____
Username: _____
Passwort: _____
Notizen: _____
_____
_____
_____

Webseite: _____
Username: _____
Passwort: _____
Notizen: _____
_____
_____

Webseite: _____
Username: _____
Passwort: _____
Notizen: _____
_____
_____

Webseite: _____
Username: _____
Passwort: _____
Notizen: _____
_____
_____

Webseite: _____
Username: _____
Passwort: _____
Notizen: _____
_____
_____

Webseite: _____

Username: _____

Passwort: _____

Notizen: _____

_____

_____

Webseite: _____

Username: _____

Passwort: _____

Notizen: _____

_____

_____

Webseite: _____

Username: _____

Passwort: _____

Notizen: _____

_____

_____

Webseite: _____

Username: _____

Passwort: _____

Notizen: _____

_____

_____

www.ingramcontent.com/pod-product-compliance
Lightning Source LLC
Chambersburg PA
CBHW031223050326
40689CB00009B/1453